JN438276

통증의 발원

시와문화 시집 043

통증의 발원

주선미 시집

시와문화

■시인의 말

지친 나를 내려놓고
너에게로 가는 길 한 가닥 읽는다

2020 여름 주선미

|차 례|

2부 투명 인간

3부 칼라스, 사랑의 아리아

4부 그녀는 빨갛다

5부 서촌, 이중섭을 만나다

1부

천남성을 만나다

가시, 붉은 꽃

내 몸에 달이 살고 있다*

가시 달린 선인장 한 그루 몸속에 키워내는 일은
온 지구를 흔드는 일

물 한 모금 비치지 않는 타클라마칸 한가운데
화끈거리는 생명의 꽃을 피운다

거친 파도 갈기가 숨기고 있는 암초처럼
느닷없이 튀어나오는 아픔에도
난파되지 않는 돛단배가 된다

그 검푸른 속 들여다보면
생명을 활짝 피우는 자리
진주조개이듯 스스로 가시를 삼켜
꽃을 피우는 여자가 숨어 있다

식구들 두 어깨에 짊어진 채
쓰라린 가시 헤치며
다디단 바람을 잉태하는 어머니

밝고 따뜻한 감촉 꿈꾸다
날 선 유리 벽 너머로 스며들어 보지만
축축하고 차가운 데만 만져진다

*이은봉 시집 제목에서 인용

적란운

천수만 갯벌 덮으며
밀물, 들이닥칠 때가 되면
갯벌에 무너진 무릎
거친 파도 짊어지느라 펴지 못했던 허리

천둥 속에 있던 먹구름
두툼하게 밀려와
푹신한 이불이듯 덮어준다

먹구름 속에서
등 굽은 세월
다독다독 펴준다

밀물과 썰물 만나는 지점
평행, 삶의 밖에서 흔들리듯
갈피를 잡지 못할 때,

두 사리가 다 지나가도록
멈춰 선 고깃배
만선의 기억에만 매달려 있을 때,

허술한 뱃머리 시퍼런 통증
한바탕 소나기로 쏟아진 새벽

하늘 저쪽, 이불 다시 펴는 먹구름

천남성을 만나다

제주 평대리 비자나무 숲에서 만난
제 몸 가릴 땅 한 평 겨우 지닌 천남성

후박나무, 때죽나무, 으름덩굴에 가려져
비자나무 광합성 거들고 있다

독기 영글어 첫서리 넘어
겨우 꽃 피우는 그녀
키 큰 나무 유혹하듯 손길 뻗쳐 오면
곤혹스런 향기 터트려
맹독 품은 붉은 입술 보란 듯이 내민다

단 한 번 키스로 운명을 맡겼다

아무리 세월을 닦아도
낯선 울타리 제 그늘 거두지 않는 남자

밖으로 나가는 길 끊어 놓고는
새벽 찬 바람 걸치고 들어 온다

처마 그늘만 지키던 그 여자
빼앗긴 언어 되찾으러
온몸 가득 맹독 품은 채 일어선다

뜨겁게 타오를수록 차가워지는 가슴으로
막아서는 어둠 불사르고
차갑게 식은 독배 든 채 걸어가고 있다

어떤 임종

자식이 열이나 되는 여자가
홀로 세상을 떠났다

소란스럽게 들썩이던 태풍 미탁
카톡, 카톡 필리핀 동쪽에서 무선 호출 중
평행선을 달리던 암세포들이
각도를 달리했다는 소식이다

궤도를 이탈한 자식 하나
문밖에서 방황 중인데
산소 호흡기 너머 허우적거리던 기억들
블랙홀로 빨려 들어가고 있다

아들 일곱에 딸 셋이라도
마지막 길을 지킨 것은 차가운 병동뿐
귓바퀴까지 흘러내린
하얗게 말라버린 눈물길은
바지락 캐러 가는 길이었을까

그녀 호미 끝

닿지 않은 데가 없는 갯바닥
지름길로 달려오는 파도
산모퉁이로 붉게 차오른다

산 그림자에 가려진 그녀의 집
젖어 있다

맹수

나무 한 그루 살지 않는
처마 한가운데
태고의 힘이 발아되고 있다

지붕에 걸린 치열한 그늘에
새까만 행렬이 맴돈다

맹수가 되어 쫓고 쫓기는 일벌들
표적이 되면 놓치지 않는,
저 날개의 비상은 어디까지일까

걸렸다가는 뼈도 못 추리는
무법자와 무법자들

여왕벌의 서슬 퍼런 맹독에 갇힌
날카로운 턱

서로의 송곳 앞에서 치켜든다
서로를 차곡차곡 씹어
삼키는 맹수들

나무 한 그루 살 수 없는
메마른 처마
너와 나 사이에
살기가 번득이고 있다

납작 엎드린 그늘이 떨고 있다

폐선

오천항 한구석에 버려진 배 한 척

봄바람에 일어난 파도 따라
넓은 바다 헤쳐나갈 채비 한창이다

구겨진 깃발 활짝 펴고
낡은 뱃전 만선의 꿈 부풀어 있다

폐그물 물 만난 듯 펼쳐지고
개펄에 박힌 닻 금세 풀고
서해로 뱃머리 돌린다

봄바람에 흔들리는 폐선에서
천식 딛고 일어선 사람을 본다

겨우내 발 묶었던 바이러스
봄바람에 털어내고
굽은 등 펴고 일어난 남자

봄 갯벌로 나가 종패를 뿌리고 있다

바다가 보이는 횟집

투명한 바다가 살아 있다
찌꺼기 뱉어내느라
온몸 풀어내는 바지락
햇살에 헤엄치는 광어

아무도 접근하지 말라는 듯
탄탄한 지느러미 날 세운
가시 옷 걸친 우럭

실타래처럼 꼬인 튜브 걷어 내고
절벽 너머
하얀 파도에 몸을 던진다

사금파리 붉게 달궈지던 여름
하얀 소금산
꿈만큼 쌓아 올리던 남자

봄볕 일렁이던 좁은 어항
와장창 깨뜨리고
꿈틀거리는 바다로 뛰어든다

나비 날다

머리 자르려고
미용실 가위 아래 선 날

언제나 마음 깊은 곳을 베인다

새벽을 흐느끼던 날개 접은 나비
어둠 속으로 자꾸 흐르고
쉼표도 없이 떠도는 여자의 밤,
출구 없는 미로다

아리아드네의 실뭉치도 없이
새벽빛 속으로 파고든다

알껍데기 갉아 먹고
부화한 흔적을 없애야만
천적의 눈으로부터 도망칠 수 있는 나비

접은 날개 서서히 펼치고
비상을 꿈꾸는 그녀

제 울 안으로 가두려고만 하는 남자
벗어나기 위해
가진 것 다 던진 여자

구불거리는 머릿결 따라
세상으로 날아오른다

푸른 눈의 고양이

다잡았던 숨소리 다시 거칠어진다

두리번거리는 꼬리로
전파를 탐지하는 어미 고양이
빈 젖 출렁이며 문을 나선다
촉수를 세우는 푸른 눈의 사위
허공의 틈새 파고든다

가끔 끊어진 골목을 건너
선잠의 밤 이어가며
휘어진 안테나 세우던 늙은 고양이

운 좋게 넉넉한 북어 대가리 하나를 찾으면
울음을 더듬던 주린 입들 향해
푸른 시간 불러 세운다

갸르릉 갸르릉
배곯은 자식들 향해
마른 젖줄 풀어내던 내 어머니의 푸른 눈
한 줄기 빛으로 서 있다

종이 물고기

병원 알림판에 붙은 포스트잇
문 여닫을 때마다
벗어나려고 헤엄치고 있다

그 남자 등에는 물고기가 살고 있다
암 투병 중인 아내
뇌종양인 아이까지
같은 자리만 맴도는 물고기들

그 남자
약봉지에 적힌 날짜만큼 헤엄치다
막다른 길 다시 만나면
처방전 받아들고 출렁거리는 바다로 간다

부푼 비늘 날개 삼아
방전된 배터리 충전하러 간다

가로막힌 벽들 훌쩍 뛰어넘어
부푼 지느러미로 날아오른다

거꾸로 서는 나무

그녀는 나무가 되었을까

허공을 맨발로 딛고 서면
손바닥엔 뿌리가 돋아

돋아난 뿌리는
바닥으로 바닥으로만 치달아

동맥을 타고 흐르는 푸른 잎사귀
그늘을 만들어
무성한 하늘을 덮어버리지

사타구니에 핀 꽃들은 물을 찾아
촉수를 안테나처럼 세워

끝 닿는 데까지
올라갈 수만 있다면

양분 없는 장애물
너를 가로막는 벽

정해진 틀을 부수어야 해

부서진 틀을 넘어 허공을
가르는 거야
세상 바로 볼 수만 있다면

무선을 타고 우주로 흐르는 거야

무선을 타고 흐르던 그녀
나무가 되었을까

통증의 발원

상아의 뿌리가 발원發願하고 있다

오랜 시간을 맨 아래층
다지고 다져진 퇴적층에서
더는 눌려서 지낼 수만 없다
경계를 허물어 달라

바닥으로부터의 흔들림
서서히 솟아오르는 통증

차오르고 차오른 독기는
검게 번져나가고

퍼렇게 날 선 신경

돌아서는 당신 등에
토네이도로
휘몰아치는

발원發源은 사각지대

집중 투여한 몰핀의 힘
스물여덟 개의 통증을 삼키고 있다

허물어진 경계로 치통이 빠져나가고 있다

정체

주말 증후군 탓인지
좀처럼 만져지지 않는 서울 하늘
줌으로 당겨본다

노을이라는 무늬는 밥을 끓이고
바삭한 길 위에 꽃잎들은
새떼들의 식탁

꽃 진 이팝나무 푸른 그늘에
성급하게 도착한 계절이 진을 친다

불규칙한 노을로 떠 있는 인정이 가로막힌 도시

야트막했던 산들도 보이지 않고
왁자했던
파란 대문 집
초록 대문 집
골목 끄트머리 집 사라지고

물류창고로 빼곡히 쌓여 있는 지점

저렇게 뭉개지고 까졌을 때
어떤 마음이었을까
무심히 지나쳤던 모습들에서
까맣게 잊고 있던 내가 보인다

그때 내 아이들의 눈높이는 어디쯤이었을까
당신의 늘어졌던 어깨는 어디까지였을까

앞만 보고 가느라 미처 보지 못했던 마음들
다독여줄 시간은 이미 지고 없는데

도로 위 체증,
시름으로 덮어 누르고 있는데

동백의 방식

찬 바람 몰아치는 겨울 한가운데
햇빛도 꺼져버린 언 땅 녹이며
빗장 건 절벽도 마다하지 않는 그녀를 본다

차가워질수록 타는 가슴으로
불타는 입술 언 땅에 부비는 여자

하루를 팽팽하게 움켜쥐는 시계 바늘
멀어진 수평선 잡아당기는 아침

척박할수록 강한 생명 움튼다고
찬 바닷바람 막아내느라
절벽으로 바쁘게 내닫는 발걸음을 본다

고요마저 멈춘 순간,
파르르 떨리는 꽃술

팔딱거리는 붉은 심장으로 절벽을 건너고 있다

2부

투명 인간

투명 인간

첫 새벽을 여는 활자에도
가려운 곳 찾아내어 잘 긁어 준다고
명성이 자자한 아홉 시 뉴스에도
그들 뒷모습 하나 보이지 않았다
흔하게 떠도는 인터넷 뉴스에도
어두운 발자국 하나 찍히지 않았다

벼랑 끝에 다다른 지 한참 되었을 텐데
누구의 눈에도 띄지 않았던 그들
아프다는 소리도
도움 청하는 소리도
들리지 않았는데
오늘 아침 뉴스로 느닷없이 전해 온 이야기
노모를 잘 부탁합니다

산비탈에선 루핑 집들
비 그을 처마도 사치였던 것일까
그늘에 갇혀
시린 손 녹일 방 한 칸 구하지 못한 채
한강으로 뛰어든 투명 인간의 사연에

오소소 떨고 있는 한강 물

단칸방 억지로 빼앗아 간 냉기보다
물안개 뽀얗게 피어오르는 강물이
따뜻해 보였던 것은 아닐까

산동네 몰아치는 북풍 아무리 거세도
온풍기 훈풍 속에 파묻혀
시리다는 게 뭔지 모르는 기자들
연예인들 가십거리 사이 글로 끼워 넣어
기사 짧게 몇 줄 내보낸 이유는 무엇일까

비상구 없던 투명 인간 이야기
한파로 더 싸늘해진 아침
더 추워지는 것은 아닐까
밤이 더 깊어지는 것은 아닐까*
영화 같은 이야기 듣고 있다

*니체 『즐거운 학문』 중 「신과 죽음의 신화」에서 인용.

영혼의 무게

–이규보

전등신화 찾아 강화도로 걸음했다가
온통 주차장이 돼버린 중심에서 떠밀려
전등사 밖 이규보 무덤 찾아가는 길

고려의 국력 무신들이 쥐고 흔들 때
붓으로 쓴 외교문서 하나로
몽골군이 내려오는 걸 막았다는 이규보
문장이 칼보다 강하다는 걸
몸소 알려 준 시인인 걸 알겠다

붓 하나로 무신정권 아래 살자니
툭하면 칼끝에 말단 벼슬이 잘려
총각 신세 못 면했다지만
영혼만은 자유로웠단다

함부로 휘두르는 칼 아래
초목도 무서워 벌벌 떨었다는
무신들 무덤은
마당 그득 후손들이 넘쳐났는데도

간 곳 없고

처자식 없이 절명한 이규보를 두고
제삿밥 한 상 못 받을까
다들 혀 끌끌 찼지만
지레 걱정 거두라는 듯
천년 아래 유택 앞
고봉밥과 꽃다발 향기 만발했다

그의 영혼의 무게는 얼마나 될까
구십구 칸 기와집
하늘 높은 줄 모르고 쌓이는 곳간
금방석인 듯 깔고 앉은 권력들
한낱 물거품으로 흩어지고 말았다

천년 넘어 질긴 생명의 시를 쓴
영혼의 무게 가늠하기 어렵다
백 리 길 전등사 찾아 대웅전에 연등 걸고
이규보의 마당에서 봄날 오후를 보낸다
내 영혼은 몇 그램이나 될까

태안 앞바다에서

서해에서 가장 뭉클하다는 해넘이 만나러
태안 앞바다에 왔지만
발전소 굴뚝이 내뿜는 먹구름에 가려
저무는 해 노을 한 자락 건지지 못했다

한 치 앞도 제대로 가늠하지 못하는
검은 안개에 시야를 빼앗긴
고깃배들 뱃머리만 서로 부딪치고 있다

검은 구름 사이로 언뜻 비치는
해쓱한 청년을 본다
같은 밥을 먹고
같은 일을 하면서도
통장은 왜 그리 가벼웠을까
사진 속 얼굴, 꼭
아들 같아 가만히 쓸어 매만진다

죽음의 위험 무릅쓰고
컨베이어 벨트에 실어 보낸 석탄으로
노을빛 대신 가로등

시나브로 어둠 걷어 내는 겨울 저녁

행여 내 발 밟힐까
까맣게 펼쳐진 어둠 물리느라
엘이디 등 대낮처럼 밝혀 놓고
그의 어깨에 다시 얹은 무관심

누군가 수렁에 빠져드는 소리에도
내 앞만 밝히는 헤드라이트 켜고
볼륨만 높인 채 살아왔다

한 해 저물어 문 닫는 시간
고단한 날개 접은 너에게 닿는 길

서해 검은 구름 속으로 빠져들어
오리무중인 겨울 저녁

열다섯 동갑내기의 묘비명

봄이 오려면 아직 멀었다는 듯
수은주 빙점 아래로 뚝 떨어진 3월
망월동 국립 5·18 묘지에 들렀다
하늘을 찌를 듯 서 있는 기념탑 앞에
머리를 숙였지만
너무 늦은 탓일까
꽃샘바람 뺨을 후려친다

무겁게 누르는 기념탑 그림자에 가려진
희생자 묘역으로 들어섰더니
첩첩이 들어선 묘지석들
겨울의 터널 외롭게 지킨 고혼들
그리움에 짓무른 손으로 와락 붙드는 것 같다

휑한 묘역 둘러보다
한 묘비석 앞에서 발을 멈춘다
차가운 오석에 새겨진 숫자 1966,
나와 동갑내기
곁에 있는 듯
미소를 건네 오는 흑백사진

계엄군의 거인 같은 장갑차
차갑게 눈 가린 기총소사에 맞서
투지로 똘똘 뭉친 돌 던지는 투사들만 생각했더니
동갑내기 친구 사지에 버려둔 채
거짓으로 가득 찬 교과서를 외웠구나

형체를 모를 부끄러움 나를 물들인다

북한에서 간첩이 내려왔다는 말,
전쟁이 일어날지도 모른다는 말들
거짓인 줄도 모르고 무서움으로 떨었던
부끄러운 페이지들
지우려고 해도 자꾸 되살아난다

얼마나 아팠을까
5·18 거리에 스러지게 놔두고
모른 체한 친구
차가운 바람에 다시 버려둘 수 없어
몇 번이고 차가운 비석을 감싼다

친구가 미쳐 가지 못한 길
이제부터라도 멈추지 않고 걸어가리라
맨주먹 굳게 쥐어 본다

수리산 갯버들

코로나가 곳곳에 포진해 꽉 막힌 봄
시원한 바람 마시고 싶어 수리산 가는 길
마른강 옆으로 갯버들 듬성듬성 서 있지만
인사 건네는 사람 아무도 없다
산비탈에 들어 같이 보낸
수십 번의 겨울 무색하다
옐로카드처럼 플래카드 내민
재개발 아파트 담벼락
땅 한 평이라도 달라고 소리쳐보지만
누구도 뒤돌아 봐주지 않아
마른강에 야윈 갯버들처럼 흔들리며
진흙땅에 군락을 이루기까지
화려한 불빛 한 귀퉁이조차
허락하지 않는 눈들 이겨내느라
얼마나 부들부들 떨었을까

약삭빠른 도시로부터 받은 상처에 늘 허기진
너를 보고 있다

행목리 혹은 팽목항

천안 가는 길목 순천향대 앞길에
행목리라 부르는 이정표 서 있다
몇 해 전부터
이 길목만 지나려면 눈시울 팽팽해지고
행목이 팽목으로 겹쳐 보였다

이정표가 일러주는 데로 가면
바다로 가는 길은 오리무중이고
아이들이 넘쳐나는 학교 앞을 지난다

저수지 돌아 비탈길 밀치고 나오는 차들
허리띠처럼 풀어진 도로에 아이들과 엉키면
더는 비상구가 보이지 않는다

집채만 한 덤프트럭 느닷없이 출몰해
검은 속내 보이지 않는 깊은 바닷속
삐죽 솟은 돌부리인 듯 들이대면
스스로 브레이크 밟아야 하는 아이들

모세의 기적은 길 건너 편의점으로만 이어질 뿐

행목이 팽목으로 혹은
팽목이 행목으로 뒤집혀도
육개장이며 햄버거 사 나르기에 바쁜 사람들

사거리 신호등
노란색 경고등 무시하고
신호 위반하고 가는 수장된 시간
잡아두고 있다

블루노트, 어둠 속의 빛

눈만 뜨면 골탁거리는 갯벌 냄새
비 오는 날엔 신발에 가난처럼 달라붙던
거뭇한 진흙 덩어리들

갯벌에서 조개 캐고 굴 따는 일밖에
배운 것이 없는 부모님
희망이란 남의 이야기인 듯
절망을 내려놓지 못하던 때가 있었다

이런저런 생각으로 가득하던 날

스크린 속의 불협화음들이 협화음처럼 어우러진
블루노트 레코드를 본다

백인들이 싫어하는,
세상과 섞이지 못하는 유색인종으로 태어나
도시의 뒷골목에만 머물러야 했던 그들

그곳을 벗어나기 위해
가난을 파내야 했던 탄광

그들 전부의 터전이었다

독학으로 터득한 악기로 연주하며
반음계로 만든 노래 재즈

레코드 블루노트에 새겨진 팔십 년
끊길 듯 이어질 듯 흔들리다
또다시 살아나는 촛불이었다

생명을 잉태하던 갯벌에서
너로 생긴 그늘 조금씩 걷어 내고 있다

온온사를 지나며

일 년이 사계절이란 말 무색하게
오월의 기온이 삼십 도 넘고 있는 오후

서둘러 온 여름 피해
푸른 그늘 무성한 밥집으로 들어갔다

미역 냉국에 밥 말아 먹고
좁은 골목길 시원한 바람 맞으며
온온사 가는 길

옛 과천 현 청사였다는 온온사
백성을 곤장으로 내리치는
무서운 얼굴이라곤 생각할 수 없이

평화로울 온 자를 두 번이나 쓰다니
멀어져 가는 백성들과
조금이라도 거리를 좁히고 싶은
나라님의 따스한 마음이 담긴 듯하다

현청 앞뜰에는 풀 한 포기 자라지 않는데

문 앞을 지키고 선 찔레꽃 한 송이

향기 듬뿍 안은 손을 내민다

파란 하늘 이고 서다

–공세리 성당길

비 온 뒤 맑게 갠 하늘빛 따라
녹음 짙게 우거진 공세리 성당에 왔다

성당 첨탑 아래에 서 있는 오래된
느티나무 꼭대기에 걸려있는
삼백 년의 세월 한복판
가슴 끓이고 산 세월의 흉터

늘 푸른 빛으로 서 있길래
느긋하게 살아온 줄 알았다

나무 수간마다 시멘트 두껍게 발라져 있다

포구로 바닷길 열렸을 때는
밀물처럼 밀려온 사람들
바닷길 막히자 썰물처럼 빠져나가고

갯벌이 기름진 땅으로 바뀔 때까지
쓴소리도 굶주림도 같이 견뎌냈으리라

아픈 소리 참아내느라 앉은 딱지 두께만큼
시멘트로 땜질한 그들 가슴

한고비씩 넘기느라 상처 아물면 어찌어찌 살아지고
또 상처가 덧나면 시멘트 짓이기면서

앙금으로 가라앉은 시간

–학림다방

걷다가 지치면 들어가 보세요

50년을 이어온 계단 삐걱거리고
꾸미지 않은 민낯으로 맞아주는 곳

신음처럼 서걱거리는 엘피판에서
영원한 고전
브람스, 혹은 베토벤 선율이 시간을 보내고

한때는 강의실 쫓겨난 프롤레타리아
파리 콤뮨, 사회주의 철학들
진지한 토론의 장이 열렸던 학림다방

빠른 물살을 타느라
차가운 바람에 뺨 맞고 글썽이는
유폐된 고립,
무력함으로 진 과거
차라리 그때가 좋았다고

달콤한 비엔나 프렌치키스 대학로

앙금으로 가라앉은 시간
첨단의 바다에서 스스로 고립된 섬

한용운 생가 가는 길

황해 거친 바람 지켜온 천년 고도
홍주성 순례길에도 만해 보이지 않는다

기울어진 산비탈 구비구비 돌고
와룡천 다리 건너서야
겨우 만해가 태어난 초가삼간 보인다

사월 들어서도 사위지 않는 찬 바람
봄꽃 봉오리 더디 열리는가 싶더니 어느새
꽃샘추위 이기고 비탈에 선 영산홍
만해 생가 가는 길
따뜻한 향기로 일러주고 있다

웃음 뒤에 비수 숨긴 일본과 모리배로부터
내 땅 한 뼘 지키려면
먼저 나를 버려야 한다고 눈빛 성성한 만해
초가삼간 빈 몸으로
새벽 몰고 오는 청년 기다리고 있다

빼앗긴 나라 되찾기 위해

가형의 논밭까지 모두 팔아치웠단다
내 겨레붙이들에게 등 돌린 친일파에게
눈길조차 거두어들였다던 한용운

생전 감옥과 냉방에서만 지낸 탓인지
내리쬐는 봄볕만 마당 가득 불러들이고 있다

사월에 들어선 지 한참 지나서도
풀리지 않는 매서운 채찍 피해가라고
온몸을 부려 봄바람 일으키는 영산홍

봄꽃 향기 한아름 안겨준다

월정리 가는 길에서 만난

서로를 삼키려는 헛된 야욕 버린 채
남북이 따스하게 손 맞잡는다면
아무리 녹슨 철길이라도
철마는 깨진 무릎 일으켜 달리리라

신나게 달려 단숨에 유럽까지 달려가는 기차
먼저 타보고 싶어 월정리로 간다

산등성이 넘어 굽이굽이 펼쳐진
땅 누비고 싶을 텐데
지뢰밭 남북 양쪽에서 갈아엎고
망가진 근육 되살려도
철마가 달릴 길은 열리지 않는다

민통선 깨끗한 노을
깊게 뒤덮여 오는 땅거미를 본다

저 흰옷들 검붉게 변할 때까지
이기고 지는 법 없는 싸움 끝나지 않아야
쉴 새 없이 뱉어내는 무기 내다팔 수 있다며

갈라진 땅을 밑반찬으로
흰옷 입은 사람들의 고통을 양식으로
덩치를 키우고 자기네 배만 불리는 그들은
양의 탈을 쓴 늑대다

끝없이 펼쳐진 넓은 땅 달리고 싶다는
욕망을 내리지 못한 채
녹 쓰는 철마 소리 없이 울고 있는 월정리에 선다

가을바람에 흩날리는 갈꽃
가르마 가르듯 내준 길 따라
철의 삼각지 너머 두만강까지 달려가라고
힘껏 철마를 밀어본다

시베리아 너머 베를린까지 단숨에 달릴
깨끗한 꿈 하나 실어 보낸다

피카디리 앞에서

지하철 종로 3가에서 내리면
길모퉁이에 머쓱한 건물 하나
좀처럼 시선을 떼지 못하게 한다

커플링 파는 주얼리 샵
비좁은 틈 헤집고 들어선 수타 짜장면집
목 좋은 1층에 있지만 맑은 유리문 안쪽이 휑하고
무릎을 바싹 맞대고 앉아야 하는 커피숍
바로 위 2층 난간으로 시간만 지고 있다

네일 아트 예쁜 손 만들어줘요
빨간 불빛 반짝거리는 3층
4층에는 타로점 봐 주는 가게
문을 열었는지 닫았는지
빛이 바랜 글씨 전당포
피킷 들고 손님들 부르고 있다

제일 허름한 꼭대기 층
파출부, 잡부 바로 취업 직업소개소
계산기 두드려대느라 햇살 휘는 줄 모르고

온갖 상점이 한데 얽힌 피카디리 있던 자리
하루를 읽어 내느라 바쁘다

뭇 남성들 가슴 졸이게 하던 여배우
맑은 눈 빛나던
극장 간판 사라진 자리
스커트 자락 흔드는 가을바람 맞으며
보고 싶은 사람 기다리는데
손님 없는 보석가게만 빽빽이 들어차 있다

까페 화려한 불빛이 들어서고
멀티빌딩이 요염한 자태로 손짓하는
찬 바람 부는 가을 오후

30년 동안 일터로 돌아가지 못한 김용희 씨
강남역 통신탑에서 새우처럼 구부린 채
사라진 책상 돌려달라고 침묵의 소리
쏟아내고 있다

3부

칼라스, 사랑의 아리아

브레이크

차 뒤에서 쿵 소리가 들렸다
가슴이 덜컥 내려앉는다

머릿속은 계산기 두드려대느라
번개처럼 돌아가고
당장 보험료 할증될까
머리카락 쭈뼛 선다

얼굴이 벌건 아주머니 한 분
"요즘 다리에 힘이 없어 자주 비척거려요
미안해요"

휴 다행이다

괜찮다고 손사래를 치는 아줌마
밤길 조심해 가라며 인사하는데
등에 땀이 흥건하다

집으로 오는 길
생각에 생각이 꼬리를 문다

병원으로 데려가지 않았다고
뺑소니로 신고하면 어떻게 하지
경찰이 혹시 집으로 잡으러 오는 건 아닐까

그러면 당장
카드 값은?
아파트 대출금은?

툭, 머릿속에서 브레이크를 밟는다

단 한 번이라도 맘 놓고 쉬어 본 적이 있었던가

가로등 꺼진 외곽 길
신호등에 노란불에서 빨간불로 바뀌는 순간
브레이크를 밟았다

신호등 너머 남은 길이 아득하다

환승이라는 것에 대하여

집 떠나온 발걸음
땅속으로 끝없이 내려가고 있다
푹 꺼져 바닥 끝까지 닿아보려는 듯
계속 내려가고 있다

철로 위를 허정대는
지하철의 불빛
보이지 않는 길이 막막한 걸까

지하철 문이 열리고 사람들
꼬물꼬물 쏟아지고 있다
총총히 저녁 밟고 가는 사람들

멈추어서지 않는다는 것은
목적지가 분명하기 때문일 것이다
목적지가 사라진,
새로울 게 없는 지루한 삶도
갈아탈 수 있을까

사는 것이 힘들어 때로는

숨을 멈추고 싶을 때

환승역에서 갈아타고
다른 역으로 가면 안 되는 걸까

점집 오서당

차갑게 몰아치는 오서산 찬 바람 견디는
슬레이트 지붕 안색이 어둡다

무당집을 알리는 오방기 한 폭 물고 선 채
휘어진 시누대 등뼈
세상에 널린 시름들 견디느라
좀처럼 펴질 줄 모른다

신명이라며 연방 점괘를 읊어대는
여자 곁 지켜주느라 수평으로 누운 작두
시퍼렇게 세워져 있는 날을 본다

차갑게 드리워진 세월의 강
깊게 파인 주름 길게 내주며 건너온 그 여자
날카롭게 벼려진 상처
작두날 타는 저녁놀로 스며들고 있다

내 아픔인 듯 보듬어
작두에 베인 발 상처 아물 듯
생의 굴곡 타고 넘으리라

삶의 무게에 짓눌린 집으로 돌아오는 길

마음속 잔뜩 굽혀져 있던 시누대
어느새 마디들 곧게 펴져
시간의 상처를 고스란히 받치고 있다

서울, 그곳은

용산행 새벽 기차 타고
눈뜨고 코도 베간다는 서울 가는 길
촌년 소리 듣지 않으려고
지하철 노선 외우고 또 외웠다

수없이 많은 계단 오르락내리락
좀처럼 드러내지 않는
도착 지점, 서울 길은 미로 맞네

에너지는 바닥을 드러내고
허기진 뱃속 달래야겠기에
나 사는 동네에서는 구경도 할 수 없는
이태리 코스요리 먹으러 간다

서울에 사는 여자들은 얼마나 행복할까
네모난 틀에서
비설거지 할 필요도 없고
흙에 옷 버릴 염려도 없고
깨끗하고 우아하게
일몰이 아름답다는 이태리 식당

그곳에서 늘 만찬을 즐길 수 있으니
촌년 무시하느라 날씨마저
미세먼지 속에 길을 감춰 놓았다

물어물어 동작대교 올라서니
도심에서 밀어낸 자동차들
다리 위에 한가득
지상으로 내려가는 길은 멀고도 험하구나
숨은그림찾기 하듯 간신히 찾아낸
강변 하얗게 덮고 있는 갈대밭
그 속에 묻혀
한강 물 위에서 흔들리는 이태리 식당

우아한 만찬을 즐기다 문득
나와 같이 숨 쉬던
풀들,
나무들,
강물들이 보였다
촌에서 살던 것들이
정형화된 도시 중심 물줄기를 흔들고 있었다

수다방

구불구불한 예당 저수지 에둘러 가는 길

길옆으로 자리 잡은 작은 찻집
작은 하꼬방 양철로 된 담배 간판
작은 공방들, 오래된 레코드 가게
배배 꼬인 매듭들 가게 모여있다

대추차에서는 김이 모락모락 오르는
새벽부터 밭에 나가 마늘 캤다는 김 아무개
식당에 들러 밥 한 상 차려 먹어서인지
더 커진 웃음소리에 낮아졌던 하늘이 올라간다

그림 솜씨 한 가닥 하는 송 아무개
이런 작은 찻집 하고 싶다는 그 말에
느닷없이 우울한 그늘이 찻잔을 덮는다

가족들 뒤치다꺼리하느라 이십 년 날려 버리고
아이들 자리 잡기까지 삼십 년
결혼생활 몽땅 털어 부었다

눈과 귀, 마음까지
빗장을 꼭 닫아걸었지만
꿈이라도 꿀 수 있는 저 여자

하지도 못할 일들 수다 떠느라
헛물 켜면서도
뭐가 그리 즐거운지 깔깔대는 웃음소리들
좁은 골목으로 실타래처럼 풀리고
여자들 수다는 보랏빛 때 이른 국화
귀를 바짝 모으게 한다

모처럼 휴일 수다 떨다가
작은 찻집에 지쳤던 나를 내려놓고
새로운 나를 찾아 돌아가는 길

예당 저수지 잎새 핀 갈대들도
사그락사그락 수다 떠느라 해 지는 줄 모른다

네일 샵

나긋나긋한 손길로 만져주면
귀한 손으로 될 것 같았다

세상 밖으로 나가는 지름길
반짝거리는 천국의 문을 두드렸다

그녀는 날개를 달 수 있을까

뾰족한 손톱 꽃잎처럼 반짝거리며
시누이 그녀 집 다녀가던 날
뭉툭한 손톱 옷 소매로 감추었다

시부모님과 형제들 아이들까지 삼대가
한 지붕 아래 사느라
새벽부터 밤늦게까지 잠시도 쉴 수 없어
꺼끌거리는 손바닥
손톱 밑 살을 파고들었던
갈라지고 우툴두툴한 기억들
생인손 앓듯 아프다

첫아이 낳고 몸조리도 못 했던
다섯 형제나 되는
시댁 식구 틈에서 눈치만 보던
교통사고로 병원에 입원해도
간호해줄 사람 아무도 없던
이삿짐 마당에 풀어 놓았는데
그 많던 식구들 눈에 보이지 않던 기억들

기억을 끝을 단단하게 봉인하려다
그만뒀다

생생한 생의 화폭 전부 덮을 수 없기에

칼라스, 사랑의 아리아

직소폭포를 오르는 봄볕처럼
끝없이 맑게 올라가는
천상의 목소리를 가진 여자

스물여덟 연상의 남편에게 그녀는
손쉬운 달러 박스거나 결코
넘어져서는 안 되는 오뚝이일 뿐

제 피붙이의 안위만을 바라고
아픈 매를 남에게만 돌리는
마이크를 쥔 사람
그 남자 뒤편으로
상처로 허기진 여자가 서 있다

노래는 그럴듯한 기교가 아니라
온몸을 던지는 것이라고
신문에 박힐 몇 줄 호평에 매달리는 게 아니라
온몸을 부수어 노래와 함께 사는 것이라고
크고 맑은 눈이 깊어진다

모든 걸 걸어도 좋을 한 남자를 위하여
무대 없는 식당에서 노래를 부르고
세기의 프리마돈나 자리도 기꺼이 벗어 던지는
칼라스에게서 포기할 수 없는
길 한 가닥을 읽는다

한 사랑이 훑고 지나가면서
마음의 관절 다 허물어진 그 여자

쉰셋에 육체의 길을 버렸지만
어둠으로 물든 스크린에 아직
칼라스의 지워지지 않는 아리아 자국
남아 있다

한여름 밤의 꿈

아산에서 여성 화가들이
작은 전시회를 열었다기에 가는 길

노란 해바라기, 풀꽃 잔잔하게 핀
정물화 사이
이방인처럼 걸려있는 풍경화 한 점

'한여름 밤의 꿈' 을 만났네
물고기 아가미처럼 심장이 팔딱거렸네

오래된 병풍 속 낡은 그림처럼
퇴색되어 오도 가도 못하는 길 잃은 눈송이들

북풍은 녹음 짙은 푸작나무 숲
서늘하게 뚫고 다가오고
하얗게 눈으로 덮이고 있었네

푸른 산속 하얀 눈송이 만드느라
붓질만 하다가 세상과 벽이 생긴 화가
넓은 길 하나 만들어 주고 싶었네

아득한 절벽으로 떨어지는 꿈을 꾸었지
키 크는 꿈
현실의 또 다른 세상

어른이 빨리 되고 싶었던
어른이 되면 무엇이든
다할 수 있을 줄 알았던 유년

유년의 꿈은 좁혀지지 않을 평행선
같은 자리만 맴돌다 여기에 서 있네

한여름 밤, 열린 세상을 꿈꾸지만
액자 속에 갇혀
비상구는 어디에도 없었네

차가운 눈 속에 나를 두고 나왔네

종이 인형

무엇을 해도 엇박자인 일상을 벗어나
비린내 배인 오천항
찬 바람 가슴에 안고 걷는다

버려진 지 오래되어 퇴색한 폐선,
흔들리는 항구 있는 곳

겨울처럼 얼어붙은 골목
툭, 솟구쳐 나온 돌부리에 걸려
종이 인형이 돼 버린 기집애처럼
부서진 갑판에 갇혀 미이라가 된 우럭들

햇살을 향해 바짝 마른 지느러미
날개처럼 활짝 펼치고
튀어 오를 자리 찾으려고 그러는 걸까

살아 있는 눈빛 파닥거린다

저 살아 있는 눈빛 따라
바다로 뛰어들고 싶다

그러면 가슴 언저리 칼처럼 날 세우고 있는
돌부리 뽑힐지도 몰라

꿈틀거리다 뼛속까지 뒤집힌 파도
그때는 꼭 안아 줄지도 몰라

브런치

빵집에 앉아 브런치를 즐기다가
다시 태어나면 뭐가 되고 싶냐고 묻는데

꿈속에서 훨훨 날다 보니
높은 데서 바라보는 히말라야가 좋더라
어디든 날아서 갈 수 있다는 게
얼마나 좋던지 꼭
새가 되고 싶다고 말하는 예지 엄마

눈가에 잔잔한 주름 고운 현서 엄마
상처 입은 사람들이나
사는 데 지친 사람들
커다란 그늘이 되어 주는
큰나무가 되고 싶다고 한다

어깨가 좁지만 통이 제일 큰 은지 엄마
어떤 일이든 헤쳐나가는 강건한
슈퍼우먼이 되고 싶다고 하고

오리 한 마리 그려놓고

새라고 우기는 건우 엄마
나도 새가 되고 싶지만
살이 쪄서 날 수 없을 것 같다고 웃는다

다들 말들을 주저 없이 뱉어내는데

손주 학교 태워다 주고 앉은 일흔이신
윤서 할머니 머뭇거리다가

"나는 물고기가 되고 싶어요
온몸에서 하얀 비늘이 뚝뚝 떨어지는 게
아마 전생에 물고기였는지도 몰라요"

마른 목 뒤로 둥그렇게 번져 있는 비늘 떨어진 자국
파르라니 떨린다

낮, 뜨거운 이야기

그래서 아줌마라 했는지 몰라
휴일에 친구들 모여 새벽 기차여행 가는 길

천수만 귀퉁이
안면도 끝자락 친구들
중학교 졸업하고 처음 보는 거라
소풍 전날처럼 두근거려 잠을 설쳤다는 기집애들

새벽 기차에서 정신없이 수다 떤다
남의 시선 아랑곳하지 않는 걸 보니
안하무인 아줌마들 맞네

염색한 머리카락 속으로
하얗게 올라오는 쉰다섯
세상에 무서울 게 무엇이랴

친구들 몰려와 기차 시간 늦는다고
서두르는 바람에
브라자 못 하고 왔다고 말하는 애란이
얼굴빛 하나 달라지지 않는

저 당당함이라니

어렸을 때부터 얌전하던 정수
구석에 앉아 한마디 한다

“안 허면 워떡혀, 출렁댈 텐디”

4부

그녀는 빨갛다

아버지와 막걸리

고추 따다 들어 오신 울아버지
마루 끝에서 막걸리와 마주 앉아
조곤조곤 말씀하신다

나 젊었을 적은 말여
워어디 늬이덜처럼 낮잠을 잘 수 있기나 했간디이

술상 탁탁 두드리니 막걸리
쿨럭거린다

그랬다간 말여어 늬이 할아버지이 작대기 들구와아
내앱다 두들겨 팼땅께에
늬이덜처럼 워어디다 손 벌려어
늬이 할아버지 뒷치숭은 내가 다 했땅께에

새벽잠 한켠에 미뤄두고
고추 따는 것 핑계로 아쉬운 소리 하려고 찾아온 집
잠깐 눕는다는 게 이미 해가 기울었다

막걸리에 젖어 혀 꼬부라진 소리에

자꾸 어색한 내 집

새우젓 절여 놓아야 가을 장사 하는데
가격이 천정부지로 치솟는 탓에
등이 휠 지경이라 아쉬운 소리는 해야겠기에

잠들면 안 되는 아버지
이젠 아예 노골적으로 유혹하는
막걸리에게 더 깊이 빠져들고 있다

하고 싶은 말은 입속으로 자꾸 숨어 들어간다

급기야 쓰러져 코를 고는 아버지
제 몸 다 비워 낸 빈 막걸리병

내일이면 또 충만한 몸이 될 둘의 관계

그 남자의 세계지도

세계지도가 남자를 내려다보고 있다

소주가 맑게 고이는 헛헛한 저녁
속살을 파고드는 송곳니 같은 바람에서
건져 올린 갯벌은
남자의 주머니에 남아 있지 않았다

대학도, 유럽 여행도
동생만 보내놓은 흐릿한 식탁
낯선 단어들이 서성거리는 세계지도
불 켜지는 시간

아프리카 오지에 나라를 세우고
이름 없는 태평양의 작은 섬마다
주소를 만드는 남자 꿈속
왕국을 건설하고 있다

거친 손안에 옹송그리고 있던 볼펜
꾸깃꾸깃 귀가해진 세계지도 따라 일어선다

국경선마다 길을 열어 놓고
유럽의 어느 거리에 있을 맑은 눈의 동생
주머니 안에 들어 있는 여권을 펼쳐
형의 검푸른 바다를 그려 넣는다

세계지도가 남자의 꿈을 건너가고 있다

너를 태우는

한겨울 추위까지 녹여주었던 준성이

낮엔 편의점으로 밤엔 호프집으로
공부하는 동생 뒷바라지로
숨 돌릴 틈도 없던 소년가장

몸이 불편한 부모님 대신
돈을 벌어 본다고
화려한 불빛 거처 삼아
정석으로 가는 길 이탈하고는
블랙홀 속으로 들어간 아이

온라인을 타고 서슴없이 다니는
불쏘시개,
악의 고리 찾느라
촉을 세우는 추적자들
따돌리고 좌표 벗어나 보지만

전등 불빛 아래 출몰한
불나방들 틈바구니

죽지 않겠다고 눈 부릅떠도
밤이 지나면
전등 밑에 사채로 쌓일 불나방

강남일번지 화려한 밤
덫에 걸린 녀석
환각, 꺼지지 않는 비밀의 방…

늪에 빠져 침몰 중인 그에게
비상구란 없다

너에게서 나를 보는

아들 만나러 가는 길은
가슴 속에 자갈 숭숭 박혀있어도
모처럼 햇살 드는 날이다

한 달 전 잡아 놓은 약속 손꼽아 기다리다
서너 시간 일찍 도착했더니
집에 아무도 없단다
하늘만 뚫어지게 바라보다
아무도 없는 현관 비밀번호 누른다

여고 졸업식에 엄마가 왔었다
멀리 학교 보내놓고
졸업식 못 보면 평생 한으로 남을 것 같아
찬 새벽길 빈속으로 여객선 타고 왔다고 했다
멀미로 노란 물까지 게워내며
뭍으로 나왔으리라

얼룩덜룩해진 앞자락
사진 찍으려고 주춤거리는 엄마 밀쳐 두고
친구들과 졸업식장을 빠져나왔다

금방 돌아올 줄 알고
교문만 바라보고 서 있었을 우리 엄마

집으로 돌아오는 길
눈앞이 자꾸 팽팽해진다

귀가 망가진 책 앞에서

엊그제까지 공무원 시험 준비하느라
따뜻한 밥 한 끼 나눌 수 없었던 주희랑
느긋하게 저녁을 먹는다

모든 답은 교과서에 있다고
집과 독서실만 직선 긋듯 오가던 아이
넉넉한 점수 받고도
마지막 관문을 통과하지 못했단다

선생님, 길은 배경이랑 편견 따라
길게 늘여져 있어요

발품 한번 제대로 팔지 않고도
봉사 점수 무더기로 받아 채우고
실험실 한번 제대로 가지 않고도
척척 써내는 논문 실력을 어떻게 따라잡느냐
발을 뺄수록 더욱 깊게 빠져드는
마약의 포로가 되어도,
보통사람들 평생 개미처럼 모아도
쳐다볼 수 없는 명품 차로

한밤중 멀쩡한 사람 타고 넘는 사고를 냈는데도
그렇게 촘촘한 법의 그물
금세 빠져 나와 활보하는 애들은 무슨 유령이냐

맑은 소주에 비친 아이의 표정이
뿌리 드러난 갈대처럼 허물어진다
차가운 별 부스러기 등불 삼아,
무겁게 감기는 눈꺼풀 힘겹게 들어 올리고
진리를 담은 명제문 토씨 하나 빠뜨릴세라
외우고 또 외워 닳고 닳은 교과서도
아랑곳하지 않는 세상
해답은 이미 보이지 않는 손에 쥐어져 있다며
아이는 귀가 망가진 교과서를 던진다

얕은 바람에도 갈 길 몰라 허정대는
마른 나무 이파리처럼
차가운 구석으로 내몰리는 초겨울
세상 밖으로 나가는 길 찾아
이정표 삼아 교과서를 집어 든
아이의 길이 뭉개져 있다

탱자나무

실핏줄 드러난 시멘트 바닥
햇빛 한줄기 들지 않는 경계
날카로운 신경을 세운 탱자나무가 지키고 있다

콘크리트 벽 틈새에 끼어
향일성 습관마저 버린 채
한 걸음도 물러서지 않는 탱자나무

할머니와 손자 우울한 간격 사이
그림자를 가시관처럼 쓰고
단단하게 울타리를 이루고 있다

사춘기를 앓느라 이리저리 채이고
아물지 않는 상처로
세상으로 나가는 문 닫아버린 아이

날카로운 가시로만 뒤덮인 울타리 안에서
덧난 상처를 어루만져주는 할머니
굽은 등, 저녁으로 가고 있다

땅거미 몰려들 듯
골목골목 울려 피지는 교회 종소리
하늘의 말 따스하게 나누는 저녁
할머니의 야윈 손 약손이다

이승과 저승 넘지 못하는 경계
우울한 그늘, 할머니 굽은 등을 지키고 있다

그녀는 빨갛다

들에 평생을 묻은 여자
혼자 자식을 품고
모진 비바람 다 맞은 여자

그렇지만 남편이 있는 여자
논두렁 밭고랑 아니고는 앉을 곳이 없는 여자

마당에 들어서면 늘 어둠은 먼저 도착해 있었다

불 꺼진 집안에서
엄마를 부르면
온몸에 신경이 곤두서는 그 여자

니들은 손에 흙 묻히지 말고 살어

눈뜨면 나가야 하는 붉은 고추밭
부르튼 발바닥에 붙은 흙덩이
그녀의 한숨 소리에
산산이 부서져 내리고 있다

날마다 부서져 내리는 것은 내일이었을까

올해도 어김없이
그녀의 손끝에 열린 빨간 고추

빳빳한 꼭지를 딸 때마다 생각나는
마디 굵어진 그녀의 손가락은
붉게 익은 가을이다

그녀 속에서 나오는 것들은 다 빨갛다

봄, 눈앞에 선

아무도 기다리지 않는
불 꺼진 현관문 앞
가로등 빛에 환하게 드러난 텃밭
구부정하게 선 대파 몇 뿌리

품 떠난 자식이라도 기다리는 걸까

옷자락 여밀 새 없이
바쁘게 대문 밖으로 나와 서 있는
어머니 생각나게 한다

소한 지나고 대한이 코앞인데
북극에서 내려온 냉기에
언 땅으로 내린 뿌리
찬 바람만 숭숭 드나든다

겨우살이 준비하느라 제 몸 다 내주고
추위 피할 처마도 마련하지 못했는지
풋것 하나 보이지 않는 섣달
냉랭한 밭 한가운데 서서

몇 개 남지 않은 푸른 잎마저 잘라내고는
빈 몸으로 흔들리고 있다

달 휘영청 밝은 겨울밤
가슴 끓이는 자식 걱정하느라
제품 다 내준

찬 바람에
풍성한 봄 물려줄 꿈에 부풀어
갯바닥과 하나가 된

어머니처럼 서 있다

방아쇠 수지 증후군

넘치게 귀염받았지만 늘
아버지 품 그리워하며 살았던 막내이모
스무 살 되자마자 이모부에게
시집을 갔대
화초처럼 집안에서 문 닫고 십 년쯤 살더니
사내 같은 기질 버릴 수 없었나 봐
미용학원으로 탈출했다나

보험회사 소장으로 잘 나가던 이모부
때마침 정리해고인가 뭔가로
집안으로 들어앉아 손가락 빨게 생겼던 거야
조그만 도시에 미용실을 열었지
미용기술 큰 몫 했겠지만
타고난 기질로 사람들 휘어잡은 게 더 컸을 거야

단골 늘어나면서 쉴 새 없는 가위질에
부엌으로 들어가는 건 엄두도 못 내고
새끼들 밥 한 번 제대로 못 해 먹였대 그래도
두 형제 서로 의지해 잘 커 줘서
남들 부러워하는 회사에 취직해 대견하다고

한숨 놓겠다 싶어 겨우 허리 펴는데
훈장처럼 총을 거머쥐게 됐다나

방아쇠 수지 증후군

탕!

한 방이면 모두 쓰러질,

상 강

여린 풀뿌리조차 제대로
발 디딜 땅 한 뼘 남지 않은 좁은 화단
덩치만 키우고 있는 식물원에 가려져
가을 내내 때깔을 자랑하던 꽃들
만추 끝 서리 한 번에 고개를 떨군다

등 기대고 피어있는
접시꽃이며 나팔꽃 이국종 칸나들
여린 꽃대를 밀어보지만
담장의 반도 못 올라가
서릿발에 발이 묶이고 만다

유리 온실 꽃들
찬 바람은 출입 금지
쏟아지는 햇살만큼은
얼마든지 펑펑 쓸 수 있어
서리쯤은 거뜬하게 피할 수 있다고
마른 잎, 여윈 꽃대로 겨울나지 말고
뜨거운 입술로 입동 추위 막아보자고
온실 속 화초들 손 내민다

아버지의 쉼표

꽉 막힌 도심 한복판 대학 병원 응급실
허리 아파 옴짝달싹 못 하길래
병원에 입원시켜드렸더니
세상 무서운 것 없이 큰소리만 치시던 양반
혼자 남겨진 병실이 무서웠던 모양이다

까만 바탕에 두드러져 보이는
왼쪽 뇌로 가는 길목이 불통이다
아버지의 십팔 번 백마강 달밤이
꽉 막힌 집중치료실 바닥으로
늘어지고 있다

백마강 달밤도 하얀색이었을까
하얗던 달밤, 젊은 아버지
백마강 물결에 어른거린다
퇴고도 없이 속수무책으로 쏟아지는 뽕짝
이렇게도 세상이 바뀌는 것이구나

하던 일 잠시 접어둔 트랙터
쉼표를 찍고 있다

이모

시를 전혀 모르는 이모가
어느 교수 부인이 세상 떠난 남편을 그리다
쓴 시 한 편을 필사해 들고 왔다

학업을 위해 돈 벌기 포기한 남편, 아이들
부족함 없이 뒷바라지하느라
하루도 쉬지 않고 일했단다
돈 벌어 가르친 보람도 없이
무심하게 떠나버린 남편
허망한 마음, 시에 담았단다

이모부 한 줌 재로 탈탈 털어 버리고
인터넷 뒤적이다 발견한 시 한 편
그 마음이 어쩌면 나와 똑같으냐면서
종이 한 장 하얗게 말아 건네준다

서늘한 아침 바람에 문득
책상 모서리에 쓸쓸하게 걸쳐진 이모 마음
자꾸만 눈에 밟혔다

내 사랑도 떠나고
빈 들판처럼 덩그러니 뒹굴다가
또, 뒹굴다가
긴긴 여름 해에 해진, 가을 잎 지듯 지면
이렇게 아플까

남편 먼저 떠나보내고
아이들 도시로 공부하라고 보내놓고
십 년 넘게 혼자 살아온 현숙이,
이렇게 아팠을까

허공, 봄이 오는

서울 왔다가 돌아가는 길

돈화문 앞 도로
길가에 선 플라타너스를 자르는 전기톱 소리

바닥으로 떨어지는 나뭇가지들
내 팔이 잘려나가는 것 같다

겨우내 눈보라 몰아쳐도
살갗에 이는 부드러운 바람 가져다줄 봄
빨리 오기를 고대하면서
참고 견디며 지켜온 싹들
다 잘려나간다

미로의 비너스처럼 맨가슴만 남은 플라타너스

봄비 한 줄기 지나가자
뭉툭하게 잘린 자리에
작고 푸릇한 싹 하나씩 피워 올린다

온몸으로 허공을 밀어
싹 튼 여린 가지
동쪽 햇살 드는 자리에 얹어 놓는다

개펄에서 진종일 검게 그을리면서
시원한 그늘막이 돼 주는 어머니처럼

유령의 집

배를 깐 채 질금질금
벌레들은 무너진 폐가 벽을 부벼
잠든 집을 깨운다

피멍 마다 않고 지나간 자리 따라
딱딱해진 어둠 뒤로 감추었던
표정 조금씩 드러난다

조상 대대로 농사짓던 땅
멀쩡한 집 버린 채 사람들 훌쩍 떠나고
구멍 숭숭 뚫린 벽 넘나드는
콩벌레, 개미 가족,
흐드러지게 핀 구절초가 주인이다

찬 바람 얼기설기 막아주던 흙벽
어려운 시절 잘살았다
차가운 바람에게 벗겨진 등
시리게 맡기고 있다

실금에 배인 사람 냄새 찾아

저녁상을 차리는 작은 벌레들
따스한 저녁놀 몰고 와
저녁상을 차린다

그치지 않는 울음으로
새벽까지 내닫는 깜깜한 밤
가을 잔치를 벌이는 별자리들
아직 지킬 것들이 많다고 귀띔한다

5부

서촌, 이중섭을 만나다

신례원로212번길

천안 가는 길에 지름길로 들어서면
회전교차로 끼고 세시 방향
신례원역 가는 길이 나온다

지금은 한적한 시골 뒷골목이지만
한때는 한양여객터미널이 있던 곳
서산으로 홍성으로 승객 실어나르느라
늘 북적거렸던 도로

무인텔이거나 모텔이거나
까페나 돈카츠집 하나 보이지 않는 후미진 길

장미여관, 논두렁마차, 한양 이발관
남양여인숙, 용비여인숙, 인천여인숙
은아다방, 딸기다방, 시그너스다방
옛날 간판 그대로 있는 신례원로212번길

때 지난 꼬마전구 가끔 끔벅거리고
동백기름 바른 한양 이발관
헌 집 고쳐주느라 두꺼비 손이 돼버린

집 수리합니다 변함없이 서성대는 곳

철길 다리 지나 100미터쯤 가면
무인텔, 모텔, 말끔한 카페, 돈카츠집,
유튜브 또는 맛집 블러그 SNS에 오르내리는데

그런 것은 넘겨다보지 않는다는 듯
신례원로212번길
신례원역으로 가고 있다

남한산성의 봄

삐거덕거리는 저녁
선율에 맞춰 나풀거리다가
이리 몰려가고 저리 몰려가는 꽃나비들

귀족들 뒤로 숨은 노쇠한 왕가처럼
한겨울 동상에 걸린 병사들처럼
아무것도 모르고 당하던 백성들처럼
속수무책으로 지고 있다

봄이 무르익을수록 꽃샘바람
꽃가지 사납게 흔들고
파르르 떨다가 갈 곳 잃은 꽃잎들
따뜻한 곳 찾아 기웃거린다

이층카페 통유리창에 붙어 있는
'아메리카노 3000원'
머그잔에 가득 담긴 온기
기다려도 오지 않을 당신인 듯
꼭 쥐어 본다

통점을 딛고
당신 기다리는 시간
선율도 없이 바닥으로 지는데

불빛들 봄꽃처럼 켜지고
사람 보이지 않는 창밖으로
고단한 하루가 길가에 수북하다

바람의 방향을 틀고 있는 저녁
희번덕거리는 벚꽃잎 돌돌 말아
골목 끝으로 사라지는 오후 여섯 시

봄의 중심을 즐기러 온 사람들
퍼지게 놀다간 꽃그늘 휑한 자리

절망처럼 부서지는 바람을 본다

귀신골

안면도 끝자락 바람아래 가는 길
검은 그늘 내려앉는 귀신골이 있지

귀신골 커다란 나무 아래 지날 때면
수북하게 쌓인 돌멩이 무덤
발목을 꽉 잡아챘다

나무 목을 죄고 있던
노랑
빨강
초록
파랑 깃발
어둠의 그림자만큼 길어진 혀 빼물고
귀신골 휘감았었다

그 바람에 냇가 건넛집
열 펄펄 끓던 아기 숨넘어가고
도깨비불 무리 지어 다니던 귀신골에 묻혔다

서늘하게 보름달 떠오르면

무거운 달빛에 시누대 가지 휘어지고
한여름 밤에도 냉기 흘렀던 귀신골

어쩌다 지나가는 바람 귀로
귀신 씻나락 까먹는 소리가 들린다고
문풍지 바르르 떨었다

지금도 가끔 이곳을 지나면
얼굴 벌겋도록 술 마시고
한밤중 울엄마 찾던
외삼촌 목소리가
바람 소리에 묻어 나온다

단발머리 나풀거리던 기집애
애 낳고 끝내 못 일어났다는 친구
사그락 사그락 말을 걸어온다

그림자처럼 엎드려 있던 유년의 기억들
스물스물 기어 나와
사철 푸른 시누대 흔들고 있다

발효된 봄

–관곡지에서

발걸음 내민 지 한참 지난봄
창궐하는 바이러스들이
차가운 겨울에 붙들어 놓았다

수런거리던 수면으로 순간
노란 바람 훅 불어오고
까맣게 타버린 쭉정이
수면을 뚫고 일제히 일어섰다

찬 바람 내달릴 때마다
앙상한 가슴 파고들던 씨앗
더 깊은 물속으로 파고들었다

겨울로 가던 수면은
푸석한 잎 한 장 남기지 않았다

화려한 몸피 벗겨지고
흐린 물속 전전해야 했던 과거는
씨앗의 발아를 위한 짙은 그늘

어둠 속에 묻히지 않았으므로 비로소
새로운 세상을 연다

바닥으로 숨긴 사연 새싹으로 틔우리라
바람 따라 일어선다

바람의 머리칼은 부드럽게 휘감겨오고
물속은 발아 중이므로
미세하게 흔들린다

제 몸 점점 망가져 가면서도
작은 싹 하나 키워내려고
차가운 물속 깊숙이 몸 담그는 연꽃 줄기

이 봄, 노랗게 올라오는 황홀함

주문진항의 여름

날 새는 줄도 모르고
줄줄이 건져 올렸다던 오징어
옛말이라고 휘감는 어항

발걸음 뜸해진 항구에 묶여
스크럼 풀지 못하고 흔들리는
어선들 사이
몽롱한 오후 모락모락 피어나고 있었네

축축한 열기마저 비린내에 내어주고
꾸덕꾸덕 마른 여자
바닥에 자리를 펴고 있네

소금에 푹 절여 말린
희번덕거리는 비늘 몇 개 눌어붙은
조기 두어 무더기
얼음 위에서도 푹 퍼진 희멀건 오징어
비닐 끈 물고 돌아가는 선풍기 바람에
바싹 말라 소금기 뿌연 고등어

몇 손 겹쳐 놓고
하얗게 말라가는 비린내

고등어 두 손 주세요 했더니
제 살까지 파낸 여자
고단한 몸 일으켜
묵직한 간고등어 검은 비닐봉지
가득 건네주네

벌게진 얼굴로 남편이 돌아오는 저녁
어두운 곳 찾아 몸 숨기며
새끼들 그러안고 웅크리고 있던 여자
갯벌에 깊이 몸을 묻으면서도
품 안에 보듬어 키운 자식들
높이 날 수 있게 노란 날개 달아 준 여자

낡을 대로 낡은 빈집으로
터벅터벅 걸어가는 여자

불 켜고 있는 엄마였네

운여

페북에 올려진 사진 한 장
서귀포 해안가 검은여란다

올망졸망 모여있는
바위 숲
하얗게 지쳐 돌아오는 파도

문드러진 겉모습 보잘것없지만
맨 먼저 마중 나가
먼 길 잘 다녀 왔냐고
토닥여 주는 손

안면도 갯벌에 가면
따개비 다닥다닥 붙은 운여가 있다

호미 하나 들고
엄마 뒤 꼭지 늘여진 그림자 쫓아가면

바위틈 사이사이로
해삼도

말미잘도
따뜻하게 품어주고
토닥여 주던 손

한 마리 꽃게가 되고
해삼이 되어
바닷물 찰박거렸던 놀이터

서촌, 이중섭을 만나다

서촌으로 이중섭을 찾아 나섰다

이 골목 저 골목 찾아 들어도
담을 터서 가게 낸 집들에 가려
좀처럼 중섭의 화실 보이지 않는다

문패도 없는 산 번지
가을비 그을 처마도 없는 집에
중섭의 가래 끌륵이는 소리 들린다

복숭아에 매달린
벌거숭이 아이들 보이고
군데군데 벗겨진 처마에
청록빛 녹슨 종
지나가는 바람과 뎅그렁거리고…

빨간 벽돌 이층집
겨울나무 같은 이중섭 부부
막막한 난간에 기대어 있다

이중섭이 돌아와도
깃들 데 없이 굳게 닫힌 대문
넘어가던 노을 잠깐 멈추어 섰다

젊은 부부 손잡고
산 번지 새로 들어선 카페에서
따뜻한 저녁놀 마시고 있다

가을 백양사에서

백암산 산문 지키는 애기단풍
온 산 불붙이는 만추

그 빨간 불빛에 몸 던지려는 듯
행락객들 이무기처럼 긴 꼬리
길 위에 꿈틀대고 있다

공양은 클수록 더 좋다고
한 주먹씩 서방 정토행 티킷 든 주차 요원들
사천왕처럼 길을 막고

국화 향기 절정을 이룬 대웅전 뜰
해 저물기 전 이승
한 시라도 더 붙들려는 듯
셔터 누르는 사람들 북적거리고

칠성전 앞 복전함
헛배 부른 듯
바람의 귀 빌려 울고 있다

석간수들 한 모금씩 모아 깊어진
거울 같은 산중 호수
발소리 잠재우고

찬 서리 몰고 온 손 매서워질수록
더욱 입술 붉어지는 애기단풍

부처는 더 이상 산중에 있지 않다고
연방 파문 일으켜
물 밖으로 산 그림자 밀어낸다

밀면을 말다

부산에 가는 길
아침 일찍 서두른 탓에 속이 비어
구포역에 내렸다

야자수가 군데군데 보이고
높은 건물 없이 소박한 게
울엄마 품처럼 아늑하다

구포 5일 장 찾아
시장기 달래려고 들어갔다

밀면이 있다길래
뙤약볕에 일하고 들어 온 울엄마
방망이로 밀어 끓여 주던 꺼끌꺼끌한
갈 빛 국수인 줄 알았더니
차갑게 식힌 커다란 사발에
뽀얀 국수가 담겨 나왔다

주름 쭈글쭈글한 울엄마
뽀얗게 화장한 여자가 밀어내는 것 같았다

인정 없는 도시에 나가 배곯았을까 봐
구슬땀 흘려가며 둥글게 쭉쭉 밀어
뜨겁게 끓여 내주던 갈 빛 국수 아니었지만

따뜻한 마음 듬뿍 담긴 차가운 밀면 한 그릇도
북에서 내려온 피난민들
피붙이 하나 없는 낯선 땅 부산에서
빈 주머니로 살아내느라 많이 먹은 국수라니
울엄마 못지않은 정이 담겼으리라

넉넉한 인심 한 그릇 말아
배부르게 먹고 길 나선다

봄, 흥건한

죽전리 들어가는 길목에 작은 샛강
흐르던 물소리 멈춘 지 오래
봄볕에 생선 마르듯
꾸덕꾸덕 말라가고 있다

물꼬라도 터놓으려고
포크레인 커다란 손 빌어보지만
쉽사리 강바닥은 속을 터놓지 않는다

찬 바람 맞아 갈라진 갈대 손발 끌어안느라
남은 진액 다 퍼냈으리라

봄바람 슬슬 불어오고
우중충한 하늘에서 비 뿌리던 날
강바닥 송두리째 밀어 올리는
유채꽃 뿌리를 본다

물오른 봄이 흥건하다

■해설

드넓은 세상 체험과 열린 세계관

박 몽 구

(시인 · 문학평론가)

시를 쓰는 처음 사람들은 자신이 겪은 성장통을 비롯한 생체험을 바탕으로 시작에 임하게 된다. 거기에서 얼마간 벗어나면 자신의 주변을 관찰할 것들, 귀동냥한 것들을 주섬주섬 시의 그릇에 담는다. 이 같은 과정을 거친 다음에야 시인은 빈약한 소재가 고갈되어가는 것을 절감하면서 보다 넓은 세계로 눈을 돌리게 된다. 우리는 이것을 흔히 추체험이라고 한다. 직접적인 체험에서 벗어나 새로운 정신세계를 체험하는 독서, 자신만의 정신적 궤적을 그리는 여행을 통해 얻은 체험을 통해 자신의 시적 체질을 깊고 풍부하게 하는 것이다.

주선미 시인이 세 번째로 꾸미는 이번 시집을 읽으

면서 우리는 그가 자신의 직접 체험에 의존하지 않고 보다 폭넓고 속 깊은 추체험을 바탕으로 한 시 세계의 확장에 나서고 있음을 확인하게 된다. 첫 시집에서 시인의 태생지인 안면도를 중심으로 한 시적 공간이 넓게 펼쳐졌다면, 두 번째 시집에서는 그가 줄곧 몸담고 살아온 홍성을 중심으로 한 시적 공간의 형성에 부심한 흔적을 다수 발견할 수 있다. 그것들은 나름대로 시인의 정신적 토대를 탄탄하게 하는 데 일정하게 기여한 것으로 보인다.

그런데 이번 시집에 수록될 시들에서는 주선미 시인은 상당한 변모를 보인다. 그동안 공간적으로 안면도와 홍성 일대를 주무대로 삼았던 데 비해, 시적 공간이 상당히 확장되었으며, 시의 소재들도 긴밀하게 주제와 관련되어 선택되고 있음을 살펴볼 수 있다. 그런 점에서 이번 시집을 통해 주선미 시인의 시적 사유가 한층 깊어지고 시적 영토 또한 한층 분명해져 있음을 살펴볼 수 있다.

이번 시집에서 주선미는 여러 가지로 새로운 시도를 하고 있는데 그 가운데 가장 두드러진 것은 여성성에 대한 새로운 자각이다. 가부장제에서 구획되고 수동적으로 주어진 삶에 굴종하고 살아야 하는 여성상에 대한 비판적 자각과 함께, 독자적 세계관을 지닌 여성상을 선보이고 있는 게 그것이다. 확고한 세계관과 주체성을 지닌 인간으로서의 면모를 분명히 하는 한편 사람의 도리가 통하지 않는 세상이 건네는 몰이해와 비이성적 차별과 폭력에 시달리는 약자들을 보면 따스하게 감싸는 모성애를 적극적으로 발현한다.

내 몸에 달이 살고 있다

가시 달린 선인장 한 그루 몸속에 키워내는 일은
온 지구를 흔드는 일

물 한 모금 비치지 않는 타클라마칸 한가운데
화끈거리는 생명의 꽃을 피운다

거친 파도 갈기가 숨기고 있는 암초처럼
느닷없이 튀어나오는 아픔에도
난파되지 않는 돛단배가 된다

그 검푸른 속 들여다보면
생명을 활짝 피우는 자리
진주조개이듯 스스로 가시를 삼켜
꽃을 피우는 여자가 숨어 있다

식구들 두 어깨에 짊어진 채
쓰라린 가시 헤치며
다디단 바람을 잉태하는 어머니

밝고 따뜻한 감촉 꿈꾸다
날 선 유리 벽 너머로 스며들어 보지만

축축하고 차가운 데만 만져진다

—「가시, 붉은 꽃」 전문

시인의 여성성에 대한 주체적인 인식을 바탕으로 한 작품이다. 화자는 '내 몸에 달이 살고 있다' 라고 운을 뗌으로써 여성이면 누구나 겪게 마련인 생리 현상을 제시한다. 어떤 의미에서는 고통스럽고 반갑지 않은 손님을 맞이하는 행사를 여성은 매달 묵묵히 치러내고 있음을 암시한다. '달' 이라는 중의적 이미지를 통하여 그것을 밝고 아름다운 것으로 받아들인다는 인식을 드러내고 있음에도 주목할 필요가 있다. 이어서 화자는 '가시 달린 선인장 한 그루 몸속에 키워내는 일은/ 온 지구를 흔드는 일' 이라고 언술함으로써, 선인장으로 환유된 생리의 고통을 견뎌내는 일을 지구촌을 형성하는 일과 같은 비중을 갖고 있다는 인식을 드러낸다. 생리를 가리켜 사막 한가운데 '화끈거리는 꽃' 을 피우는 일과 등가로 보는 것은 그 같은 인식을 뒷받침해 준다.

하지만 사막 한가운데 생글거리는 꽃 한 송이를 피우는 일은 그렇게 간단한 것이 아니다. 화자에 따르면, 그것은 '거친 파도 갈기가 숨기고 있는 암초처럼/ 느닷없이 튀어나오는 아픔' 쯤은 너끈하게 견딜 수 있어야 한다. 그 아픔을 견디고 난 다음에야 비로소 거친 파도에 올려져서도 '난파되지 않는 돛단배' 가 될 수 있는 것이다.

이처럼 아픔과 신난을 마다하지 않으면서 거친 세상 앞에 바로 서는 여성상은 이번 시집에서 큰 비중을 차지하고 있다.

제주 평대리 비자나무 숲에서 만난
제 몸 가릴 땅 한 평 겨우 지닌 천남성
(중략)

독기 영글어 첫서리 넘어
겨우 꽃 피우는 그녀
키 큰 나무 유혹하듯 손길 뻗쳐 오면
곤혹스런 향기 터트려
맹독 품은 붉은 입술 보란 듯이 내민다
(중략)

처마 그늘만 지키던 그 여자
빼앗긴 언어 되찾으러
온몸 가득 맹독 품은 채 일어선다

뜨겁게 타오를수록 차가워지는 가슴으로
막아서는 어둠 불사르고
차갑게 식은 독배 든 채 걸어가고 있다

-「천남성을 만나다」 전문

제주 평대리 숲에서 만난 천남성을 환유로 삼고 있는 위의 작품도 그 같은 여성성을 잘 발현하고 있다. 천남성은 겉으로는 새빨간 앵두나 오디 못지않게 아름

다운 색감을 자랑하는 열매를 보여주는 난대성 꽃이다. 가을쯤 되면 잎은 지고 곤혹스런 열매만이 남아 보는 이들을 즐겁게 하지만, 선불리 덥석 입에 물기라도 한다면 그대로 절명하고 마는 맹독을 지닌 식물이다. 조선 시대에는 부자, 투구꽃과 더불어 사약의 재료로 곧잘 쓰이기도 했다.

화자는 이 같은 천남성의 원형적 상징을 바탕으로 '첫서리 넘어/ 겨우 꽃 피우는 그녀/ 키 큰 나무 유혹하듯 손길 뻗쳐 오면/ 곤혹스런 향기 터트' 린다고 언술함으로써 이것저것 타산을 가리지 않고 자신을 던지는 여성상을 환기시킨다. 하지만 손해 보는 세상살이 마다하지 않고 묵묵히 궁행하면서 '처마 그늘만 지키던 그 여자/ 빼앗긴 언어 되찾으러/ 온몸 가득 맹독 품은 채 일어선다' 는 대구를 배치함으로써 자존이 짓밟힌 때에는 망설임 없이 맹독을 발산하기도 한다는 사실을 환기시키고 있다. 결구에서 '막아서는 어둠 불사르고/ 차갑게 식은 독배 든 채 걸어가고 있다' 라고 언술함으로써 세속을 초월하여 자신의 길을 두려움 없이 걸어가는 의지적 여성상을 제시하고 있다. 이번 시집에서는 이같이 남에게 빚지지 않고 묵묵히 자신의 길을 열어가는 의지적 여성상이 부조처럼 각인되어 있다.

노래는 그럴듯한 기교가 아니라
온몸을 던지는 것이라고

신문에 박힐 몇 줄 호평에 매달리는 게 아니라
온몸을 부수어 노래와 함께 사는 것이라고
크고 맑은 눈이 깊어진다

모든 걸 걸어도 좋을 한 남자를 위하여
무대 없는 식당에서 노래를 부르고
세기의 프리마돈나 자리도 기꺼이 벗어 던지는
칼라스에게서 포기할 수 없는
길 한 가닥을 읽는다

–「칼라스, 사랑의 아리아」 부분

신명이라며 연방 점괘를 읊어대는
여자 곁 지켜주느라 수평으로 누운 작두
시퍼렇게 세워져 있는 날을 본다
(중략)

내 아픔인 듯 보듬어
작두에 베인 발 상처 아물 듯
생의 굴곡 타고 넘으리라
삶의 무게에 짓눌린 집으로 돌아오는 길

마음속 잔뜩 굽혀져 있던 시누대
어느새 마디들 곧게 펴져
시간의 상처를 고스란히 받치고 있다

–「점집 오서당」 부분

위의 든 두 편의 시들에서도 자존에 입각한 여성상

을 잘 보이고 있다. '노래는 그럴듯한 기교가 아니라/ 온몸을 던지는 것이라고/ 신문에 박힐 몇 줄 호평에 매달리는 게 아니라/ 온몸을 부수어 노래와 함께 사는 것이라' 라는 세기의 프리마돈나 마리아 칼라스의 선언은 단순한 귀띔을 넘어 화자의 굽혀진 삶을 바로 펴는 지침이 되고 있다.

뒤에 든 시는 작두를 타는 무당을 제재로 삼고 있다. 여기에서 화자는 무당이 단순히 비과학적인 신기(神氣)에 휘말리거나 점괘를 과시하기 위하여 시퍼렇게 날이 선 작두를 타는 게 아님을 투시하고 있다. 무당은 곧 사회적 소외의 이름이며 온갖 신난을 딛고 일어서는 의지의 화신이라는 점에 초점을 모으고 있다. 즉 작두를 탄다는 것은 '내 아픔인 듯 보듬어/ 작두에 베인 발 상처 아물 듯/ 생의 굴곡 타고 넘으' 려는 의지의 소산이며, 이를 통해 '삶의 무게에 짓눌린' 자신을 회복하려는 집요한 노력의 산물이라는 데 주목하고 있다. 화자는 결국 사사로운 개인을 던지고 세기의 디바가 된 마리아 칼라스, 살을 베이는 고통을 반복한 끝에 평상심으로 작두를 타는 무당에게서 자신이 지향해야 할 삶의 길을 견인해내고 있는 셈이다.

다음으로 이번 시집에서 주목이 가는 것은 주선미 시인이 눈에 익은 태생지 등 눈익은 공간에서 벗어나 자신의 시 정신 확장의 거점이 될 공간을 부단하게 모색하고 있다는 점이다. 전등사 등 널리 알려진 관광지 아닌, 강화도의 보이지 않는 구석에 자리 잡고 있는 이규보의 유택, 민초들의 삶의 모습이 고스란히 배인 남한산성 옛터 탐방을 통해 시인의 자리 잡아야 할 정신적 거처를 부단하게 찾고 있다. 역전된 우리 역사를 바로잡는 데 헌신한 사람들의 삶에 관한 시적 탐구를 통해 시인이 걸어가는 길을 고쳐잡고자 하는 마음가짐이 엿보인다.

전등신화 찾아 강화도로 걸음했다가
온통 주차장이 돼버린 중심에서 떠밀려
전등사 밖 이규보 무덤 찾아가는 길

고려의 국력 무신들이 쥐고 흔들 때
붓으로 쓴 외교문서 하나로
몽골군이 내려오는 걸 막았다는 이규보
문장이 칼보다 강하다는 걸
몸소 알려 준 시인인 걸 알겠다
(중략)

함부로 휘두르는 칼 아래
초목도 무서워 벌벌 떨었다는
무신들 무덤은
마당 그득 후손들이 넘쳐났는데도
간 곳 없고

처자식 없이 절명한 이규보를 두고
제삿밥 한 상 못 받을까
다들 혀 끌끌 찼지만
지레 걱정 거두라는 듯
천년 아래 유택 앞
고봉밥과 꽃다발 향기 만발했다

그의 영혼의 무게는 얼마나 될까

–「영혼의 무게–이규보」 부분

주말이면 탐방객들이 구름같이 몰려드는 전등사 아닌, 강화도 길상면 길직리 야산자락에 자리 잡은 이규보의 묘를 찾은 에피소드를 중심으로 쓰여진 시이다. 길상면은 고려 시대 팔만대장경의 새기고 인간印刊했던 거점 길상사가 자리 잡은 곳이다. 그 이면에는 최충헌을 중심으로 한 무신정권이 왕권을 뒤흔들며 오랫동안 득세한 곳이기도 하다. 천년이 흐른 오늘날 최씨 일가를 비롯한 무신정권 실권자들의 무덤은 흔적조차 찾을 수 없다고 한다.

화자는 이런 권력의 무상함 속에서 일개 말단 문신이었던 이규보의 묘가 천년 내리 제자리를 지키고 있고, 아직도 그를 기리는 이들이 찾아들고 있을 뿐 아니라 『동국이상국집東國李相國集』을 비롯한 명문장과 명시들이 아직도 애송되고 있는 현실을 주목한다. 화자는 '고려의 국력 무신들이 쥐고 흔들 때/ 붓으로 쓴 외교문서 하나로/ 몽골군이 내려오는 걸 막았다는 이규보'를 통해 문장이 칼보다 강하다는 걸 절감한다.

나아가 '함부로 휘두르는 칼 아래/ 초목도 무서워 벌벌 떨었다는/ 무신들 무덤은/ 마당 그득 후손들이 넘쳐났는데도/ 간 곳 없'는 현실의 대척점에 '처자식 없이 절명한/ 이규보를 두고/ 제삿밥 한 상 못 받을까/ 다들 혀 끌끌 찼지만 … 천년 아래 유택 앞/ 고봉밥과 꽃다발 향기 만발'한 풍경을 배치하고 있다. 이를 통해 인간의 삶은 현세에서 득세하는 일이 없다 해도 끝내 바른 삶은 향기를 발하기 마련이라고 힘주어 말하고 있는 셈이다. 당장 눈 앞에 펼쳐지는 화려한 부귀보다 이타적인 삶 진리를 추구하는 삶이야말로 인간의 짧은 수명을 넘어 영원한 생명을 얻을 수 있다는 명제를 제시하고 있는 셈이다.

귀족들 뒤로 숨은 노쇠한 왕가처럼
한겨울 동상에 걸린 병사들처럼
아무것도 모르고 당하던 백성들처럼
속수무책으로 지고 있다

봄이 무르익을수록 꽃샘바람
꽃가지 사납게 흔들고
파르르 떨다가 갈 곳 잃은 꽃잎들
따뜻한 곳 찾아 기웃거린다

이층카페 통유리창에 붙어 있는

'아메리카노 3000원'
머그잔에 가득 담긴 온기
기다려도 오지 않을 당신인 듯
꼭 쥐어 본다

-「남한산성의 봄」 부분

병자호란 당시 인조가 피신하였던 남한산성을 공간적 배경으로 한 작품이다. 화자는 인조가 수많은 민초들을 볼모로 삼은 채 운신하다가 끝내 청나라에 굴욕적으로 무릎을 꿇고 만 역사를 환기하고 있다. 화자는 봄꽃이 거센 바람에 지는 것을 가리켜 '귀족들 뒤로 숨은 노쇠한 왕가처럼/ 아무것도 모르고 당하던 백성들처럼/ 속수무책으로 지고 있다' 라고 언술한다. 남한산성이 백성들에게 온전히 돌아온 게 아니라 상혼에 흔들리고 있음을 풍유하는 것으로 읽힌다. 그 같은 사유는 '봄이 무르익을수록 꽃샘바람/ 꽃가지 사납게 흔들고/ 갈 곳 잃은 꽃잎들/ 따뜻한 곳 찾아 기웃거린다' 는 사유로 확장된다. '꽃샘바람' 이라는 시어를 통해 제대로 된 봄이 당도하지 않았다는 인식을 담아내는 한편, '파르르 떨다가 갈 곳 잃은 꽃잎들' 이라는 환유를 통하여 겉모습만 남은 옛 왕궁터를 딛고 기승을 부리는 상혼 탓에 정착 민초들이 봄을 제대로 만날 시공간은 너무나 비좁은 현실을 드러내고 있다.

화자는 결구 부분에서 '이층카페 통유리창에 붙어있는/ '아메리카노 3000원' / 머그잔에 가득 담긴 온기' 와 '기다려도 오지 않을 당신' 을 은유의 다리로 연결함으로써, 꽃샘바람으로 차가워진 봄을 제자리에 돌려놓을 수 있는 것은 사람들 사이에 오가는 따뜻한 신호라는 사실을 환기하고 있다.

역사적 사실을 소재로 하고 있으면서도 상투적인 인식을 넘어 사람다움의 가치가 뒤로 물러서고 물질이 우선인 세상을 비판적으로 투시하는 시선을 담고 있는 점이 이채로운 작품이다. 주선미는 이번 시집에서 역사적인 사실이나 유적들을 시의 공간에 끌어들이면서도 그것을 단순히 역사적인 텍스트를 넘어 사람살이의 참다운 길을 읽어내는 혜안을 보여주고 있는 점들이 돋보인다.

이와 함께 주선미 시인이 이번 시집에서 시적 앵글을 선명하게 맞추고 있는 것은 야만과 물질의 시대를 거슬러 묵묵히 땀 흘리며 살아가는 사람들이다. 그는 멀리서 그 같은 시적 대상을 찾기보다 시인 주변을 새롭게 들여다봄으로써, 우리 시대의 인간상을 재구성하는 한편 세계의 바른 모습을 찾으려는 노력을 집요하게 기울이고 있다. 사람살이의 국면국면을 시의 공간에 끌어들임으로써 시는 언어 유희를 넘어 사람과 사람 사이에 오가는 따스하고 절실한 기호라는 사실을 분명히 하고 있다.

엊그제까지 공무원 시험 준비하느라
따뜻한 밥 한 끼 나눌 수 없었던 주희랑
느긋하게 저녁을 먹는다

모든 답은 교과서에 있다고
집과 독서실만 직선 긋듯 오가던 아이
넉넉한 점수 받고도
마지막 관문을 통과하지 못했단다

선생님, 길은 배경이랑 편견 따라
길게 늘여져 있어요

발품 한번 제대로 팔지 않고도
봉사 점수 무더기로 받아 채우고
실험실 한번 제대로 가지 않고도
척척 써내는 논문 실력을 어떻게 따라잡느냐
발을 뺄수록 더욱 깊게 빠져드는
마약의 포로가 되어도,
보통사람들 평생 개미처럼 모아도
쳐다볼 수 없는 명품 차로
한밤중 멀쩡한 사람 타고 넘는 사고를 냈는데도
그렇게 촘촘한 법의 그물
금세 빠져나와 활보하는 애들은 무슨 유령이냐
(중략)

얕은 바람에도 갈 길 몰라 허정대는
마른 나무 이파리처럼
차가운 구석으로 내몰리는 초겨울

세상 밖으로 나가는 길 찾아
이정표 삼아 교과서를 집어 든
아이의 길이 뭉개져 있다

—「귀가 망가진 책 앞에서」 부분

고액 과외나 번외로 학원 다니기 등은 모른 채 집과 학교만을 오가며 열심히 공부한 시골학교 출신 주희를 제대로 한 작품이다. 그녀는 '모든 답은 교과서에 있다고' 믿으며 '집과 독서실만 직선 긋듯 오가던 아이' 였다. 어려운 가정 형편상 대학에 가는 대신 공무원 시험에 응시하였지만 '넉넉한 점수를 받고도/ 마지막 관문을 통과하지 못' 한다. 너무나 높게 둘러쳐진 사회 진출의 벽을 실감하면서 그녀는 문득 교과서만이 전부는 아니라는 생각을 하게 된다.

그녀는 교과서가 담고 있는 것은 겉포장만 그럴듯한 진리이며 오피녀 리더들이 마이크를 붙든 채 앞다투어 떠들고 있는 기회의 평등은 구두선일 뿐이라는 점을 뼈저리게 깨닫게 된다. 자신과 같은 처지의 사람들에게는 사회에 발을 제대로 들여놓기 전에 '발품 한번 제대로 팔지 않고도/ 봉사 점수 무더기로 받아 채우고/ 실험실 한번 제대로 가지 않고도/ 척척 써내는 논문 실력을' 결코 따라잡을 수 없는 벽이 가로놓여 있음을 절감하게 된다. 묵묵히 자신의 길을 걷는 보통사람들에게 '평생 개미처럼 모아도/ 쳐다볼 수 없는 명품 차로/

한밤중 멀쩡한 사람 타고 넘는 사고를 냈는데도/ 그렇게 촘촘한 법의 그물'은 애시당초 기울어진 트랙에서 벗어날 수 없다는 인식을 드러낸다.

불완전한 진리를 담고 있는 교과서임에도 불구하고 기울어진 운동장에 선 보통사람들은 그나마 그것을 믿고 밤을 새우고, 공채 시험에 응시할 수밖에 없는 현실을 환기시키는 작품이다. 아니 편법이라곤 모른 채 묵묵히 교과서를 믿고 따르는 사람들에게, 감추고 있는 진리를 드러내고 나아가 벽을 허물로 기회의 문을 활짝 열어주어야 한다는 점을 힘주어 말하고 있다.

검은 구름 사이로 언뜻 비치는
해쓱한 청년을 본다
같은 밥을 먹고
같은 일을 하면서도
통장은 왜 그리 가벼웠을까
사진 속 얼굴, 꼭
아들 같아 가만히 쓸어 매만진다

죽음의 위험 무릅쓰고
컨베이어 벨트에 실어 보낸 석탄으로
노을빛 대신 가로등
시나브로 어둠 걷어 내는 겨울 저녁

행여 내 발 밟힐까
까맣게 펼쳐진 어둠 물리느라

엘이디 등 대낮처럼 밝혀 놓고
그의 어깨에 다시 얹은 무관심

누군가 수렁에 빠져드는 소리에도
내 앞만 밝히는 헤드라이트 켜고
볼륨만 높인 채 살아왔다

한 해 저물어 문 닫는 시간
고단한 날개 접은 너에게 닿는 길

서해 검은 구름 속으로 빠져들어
오리무중인 겨울 저녁

-「태안 앞바다에서」 부분

시인의 고향 앞바다에 있는 한 화력발전소에서 홀로 궂은 일 도맡아 하다가 절명한 젊은 노동자의 죽음을 제재로 삼고 있는 작품이다. 화자는 매우 위험한 작업임에도 불구하고 정규적이 아닌 비정규직 신분으로 감당해야 했던 현실을 가리켜, '같은 밥을 먹고/ 같은 일을 하면서도/ 통장은 왜 그리 가벼웠을까/ 사진 속 얼굴, 꼭/ 아들 같아 가만히 쓸어 매만진다' 고 밝힘으로써 그 청년에게 닥친 불행이 남의 일 아닌 자신의 일이기도 하다는 사유를 펼치고 있다. 화자는 '행여 내 발 밟힐까/ 까맣게 펼쳐진 어둠 물리느라/ 엘이디 등 대낮처럼 밝혀 놓고/ 그의 어깨에 다시 얹은 무관심' 이라고 언술함으로써, 그런 불행이 하루가 멀다고 벌어지는 데는 안전이 무시된 현장이나 불평등한 대우만이 아닌 동시대를 살아가는 사람들의 몰이해와 무관심이 뿌리 깊게 자리 잡고 있다고 지적한다.

주선미는 이번 시집을 통해 우리 사회를 저변에서 든든하게 지키고 있는 것은 어려운 현실에 굴하지 않고 묵묵히 이겨 나가는 보통사람들이라는 인식을 분명하게 하고 있다. 한 사회가 건강한 생명력을 지켜가고 밝은 내일을 열어가기 위해서는 나만이 아닌 함께 살아가는 이웃들을 따스한 마음으로 껴안는 자세 전환이 필요하다는 사실을 환기하고 있다.

이번 시집을 통해 주선미가 새롭게 선보이고 있는 것은 자신이 채택하고 있는 소재들에 대한 표면적인 인식을 넘어 이중구조를 치밀하게 구성하고 있다는 사실이다. 나아가 환유적 인식을 통해 세계를 새롭게 드러내 보이는 데 주력하고 있다. 이는 직설을 넘어 시를 읽는 맛을 더해주는 데 큰 역할을 하고 있다. 그는 맑은 눈 같은 렌즈를 통해 시를 읽는 맛을 더해주는 한편 현실의 내면을 깊게 들여다보는 눈을 우리들에게 선사하고 있다. 이를 통해 이전의 시집들과는 달리 그의 시 세계를 한층 풍부하게 하고 있다.

머리 자르려고
미용실 가위 아래 선 날

언제나 마음 깊은 곳을 베인다

새벽을 흐느끼던 날개 접은 나비
어둠 속으로 자꾸 흐르고
쉼표도 없이 떠도는 여자의 밤,
출구 없는 미로다

아리아드네의 실뭉치도 없이
새벽빛 속으로 파고든다

알껍데기 갉아 먹고
부화한 흔적을 없애야만
천적의 눈으로부터 도망칠 수 있는 나비

접은 날개 서서히 펼치고
비상을 꿈꾸는 그녀

제 울 안으로 가두려고만 남자
벗어나기 위해
가진 것 다 던진 여자

구불거리는 머릿결 따라
세상으로 날아오른다

–「나비 날다」 전문

사전적인 의미에서 벗어나 또다른 의미를 환기하는

이중구조가 잘 구현된 작품이다. 나비는 가을에서 겨울까지 긴 기간을 애벌레로 살다가 봄이 되면 우화(羽化)하여 겨우 20일 남짓을 산다고 한다. 그만큼 진득하게 어려운 시간을 견딘 끝에 파란 하늘을 제압하는 꿈을 가진 존재이다. 화자는 '알껍데기 갉아 먹고/ 부화한 흔적을 없애야만/ 천적의 눈으로부터 도망칠 수 있는 나비' 라고 언술함으로써 자존을 지닌 생명체로 거듭나기까지 얼마나 긴 인내의 시간과 신산을 이겨내는 힘이 있어야 하는가를 환기한다. 나아가 화자는 미장원에서 파마머리를 다듬는 여자와 대비시킴으로써, 스프링처럼 말린 머리가 나풀거리듯 세상을 향해 활짝 눌러두었던 펼치고 싶은 여심을 환기시킨다. 즉 '접은 날개 서서히 펼치고/ 비상을 꿈꾸는' 나비와 '제 울 안으로 가두려고만 하는 남자/ 벗어나기 위해/ 가진 것 다 던진 여자' 를 대비시킨 것은 그 같은 정서를 드러내는 이미지이다. 나아가 '구불거리는 머릿결 따라/ 세상으로 날아오른다' 라고 결구함으로써 여자의 꿈은 파마머리가 허공을 제압하듯 세상을 향해 자신을 아낌없이 던지는 것이라고 말하고 있다. 나비의 생리와 훨훨 넓은 세상을 만나고 싶은 여자를 대비시키고 스프링처럼 공간을 가르는 파마와 여자의 숨은 생리를 잘 결합시킨 작품이다.

차 뒤에서 쿵 소리가 들렸다

가슴이 덜컥 내려앉는다

머릿속은 계산기 두드려대느라
번개처럼 돌아가고
당장 보험료 할증될까
머리카락 쭈뼛 선다
(중략)

괜찮다고 손사래를 치는 아줌마
밤길 조심해 가라며 인사하는데
등에 땀이 흥건하다

집으로 오는 길
생각에 생각이 꼬리를 문다

병원으로 데려가지 않았다고
뺑소니로 신고하면 어떻게 하지
경찰이 혹시 집으로 잡으러 오는 건 아닐까

그러면 당장
카드 값은?
아파트 대출금은?

툭, 머릿속에서 브레이크를 밟는다

단 한 번이라도 맘 놓고 쉬어 본 적이 있었던가

가로등 꺼진 외곽 길

신호등에 노란불에서 빨간불로 바뀌는 순간
브레이크를 밟았다

—「브레이크」 부분

요즈음 바쁜 삶에서 겪기 마련인 자동차 접촉사고를 당하여, 그것을 사고로 치는 표면적인 인식을 넘어 흐트러진 삶을 바로잡는 계기로 포착하고 있는 작품이다. 화자는 '병원으로 데려가지 않았다고/ 뺑소니로 신고하면 어떻게 하지/ 경찰이 혹시 집으로 잡으러 오는 건 아닐까// 그러면 당장/ 카드값은?/ 아파트 대출금은?' 이라고 언술함으로써 일상의 잡사들에 얽매여 끌려가는 현실을 환기한다. 하지만 화자는 '가로등 꺼진 외곽 길/ 신호등에 노란불에서 빨간불로 바뀌는 순간/ 브레이크를 밟았다' 라고 언술함으로써, 사고는 불행의 씨앗이 아니라 흐트러진 삶을 바로잡으라는 신호라는 인식을 드러낸다. 따라서 브레이크는 자동차의 부속이 아닌 흐트러진 삶을 스스로 멈추는 부표라는 의미로 전화되고 있다.

콘크리트 벽 틈새에 끼어
향일성 습관마저 버린 채
한 걸음도 물러서지 않는 탱자나무

할머니와 손자 우울한 간격 사이
그림자를 가시관처럼 쓰고

단단하게 울타리를 이루고 있다

사춘기를 앓느라 이리저리 채이고
아물지 않는 상처로
세상으로 나가는 문 닫아버린 아이

날카로운 가시로만 뒤덮인 울타리 안에서
덧난 상처를 어루만져주는 할머니
굽은 등, 저녁으로 가고 있다

땅거미 몰려들 듯
골목골목 울려 퍼지는 교회 종소리
하늘의 말 따스하게 나누는 저녁
할머니의 야윈 손 약손이다

이승과 저승 넘지 못하는 경계
우울한 그늘, 할머니 굽은 등을 지키고 있다

—「탱자나무」 부분

위의 시에서도 화자는 탱자나무와 할머니의 거친 손을 은유의 고리로 이어놓고 있다. 언뜻 어울리지 않는 비유처럼 보이지만 곰곰이 읽어보면 화자의 숨은 의도가 환하게 빛난다. 화자는 '콘크리트 벽 틈새에 끼어/ 향일성 습관마저 버린 채/ 한 걸음도 물러서지 않는 탱자나무' 라는 묘사함으로써 반생명적인 현실로 가득한 도시 가운데서도 하얀 꽃 한 송이를 오롯이 간직한 탱자나무에 주목한다. 그것이 울울하게 가시를 내밀고 있는 것은 곧 깨끗한 꽃 한 송이를 지키기 위한 위장일 뿐인 셈이다.

화자는 그 대척점에 '날카로운 가시로만 뒤덮인 울타리 안에서/ 덧난 상처를 어루만져주는 할머니 … 땅거미 몰려들 듯/ 골목골목 울려 퍼지는 교회 종소리/ 하늘의 말 따스하게 나누는 저녁/ 할머니의 야윈 손 약손이다' 라는 구절을 배치함으로써 어린 것을 돌보느라 가시처럼 거칠어진 할머니의 대가 없는 보살핌이 자신의 오늘을 있게 했다고 말하고 있다. 그런 가시는 아무리 만져도 아프지 않다는 인식을 명징하게 드러내고 있다.

이번 시집을 통해 주선미는 작은 자신의 울타리를 넘어 보다 넓은 세계, 온갖 어려움을 넘어 그 세계를 인간다운 세상으로 만들어가는 인간상을 풍부하게 시의 그릇에 녹여내고 있다. 그것은 그로 하여금 개인의 작은 이익에 탐닉하는 타성을 벗어던지고 보다 밝은 내일을 위한 한 줌의 소금이 되어야 한다는 인식을 담아내고 있다.

하지만 그는 섣불리 목소리를 높이거나 소재주의의 침윤되는 것을 경계하고 사전적 의미 너머 석류처럼 깊이 우러나는 의미를 견인하는 데 주력하고 있다. 이를 통해 그에게 언어들은 상투적인 의미를 벗어던진 채 새로운 의미를 띤 채 다가온다.

이 같은 일련의 시도를 통해 주선미의 시업은 이전에 보인 시들과는 다른 한 단계 도약을 보이고 있다. 이번 시집은 그런 점에서 새로운 결실을 보여주는 장으로 평가된다. 지치지 않고 시의 길을 묵묵히 담금질하느라 절치부심하는 그의 모습에 격려를 보낸다. 부디 그가 지치지 말고 시업을 갈고 닦는 일에 더욱 가편하여 우리 시단에서 누구도 넘볼 수 없는 시의 집을 구축하기 바라며 작은 논의를 마친다.

통증의 발원

찍은날 2020년 8월 25일
펴낸날 2020년 8월 30일
지은이 주선미
펴낸이 박몽구
펴낸곳 도서출판 시와문화
주 소 (13955) 경기 안양시 동안구 경수대로883번길 33,
103동 204호(비산동, 꿈에그린아파트)
전 화 (031)452-4992
E-mail poetpak@naver.com
등록번호 제2007-000005호(2007년 2월 13일)

ISBN 978-89-94833-60-3(03810)

정 가 12,000원

*본 시집은 2020년도 충남문화재단 문예진흥기금 지원을 받아 제작되었습니다.